INVENTAIRE
V8m 567

AF316179

INVENTAIRE
Vm⁸ 567

MÉTHODE

COURTE ET FACILE

POUR APPRENDRE

LE

Plain-Chant,

SUIVIE DE QUELQUES

AIRS NOUVEAUX

Notés selon les Principes du Chant Musical.

Quoniam rex omnis terræ Deus,
psallite sapienter. *Ps.* 46.

BRIGNOLES,

Imprimerie et Lithographie de Perreymond-Dufort.

1839.

Méthode

DE

PLAIN - CHANT.

MÉTHODE

COURTE ET FACILE

POUR APPRENDRE

LE

Plain-Chant,

SUIVIE DE QUELQUES

AIRS NOUVEAUX

Notés selon les Principes du Chant Musical.

Quoniàm rex omnis terræ Deus, psallite sapienter. *Ps.* 46.

BRIGNOLES,

Imprimerie et Lithographie de Perreymond-Dufort.

1839.

Vm⁸ 567

E chant est une des parties les plus essentielles du culte extérieur : il élève, par l'intermédiaire des sens, les esprits et les cœurs jusqu'au trône de ce grand Dieu dont il célèbre les louanges. Rien de plus édifiant dans nos cérémonies sacrées, rien de plus imposant et de plus majestueux que ses graves et sublimes accents. Quel est le cœur chrétien qui ne se soit ému, en assistant à nos religieux concerts ?.... « Les chants grégoriens, dit un homme étranger à nos croyances, et dont le jugement sera moins suspect de partialité *, les chants grégoriens exhalent tous un parfum de christianisme, une odeur de pénitence et de componction qui d'abord vous saisit. Vous ne dites pas : c'est admirable ! mais peu à peu le retour de ces mélodies monotones vous pénètre et vous imprègne en quelque sorte ; et pour peu que

* M. A. Gueroult. *Revue encyclopédique*, juillet 1832.

des souvenirs personnels un peu tristes s'y ajoutent, vous vous sentirez pleurer, sans songer seulement à juger, à apprécier, ou à apprendre les airs que vous entendez. »

Mais il faut l'avouer, les méthodes usitées jusqu'à ce jour, trop longues et trop compliquées, ont rendu trop difficile l'étude du plain-chant, du reste si agréable et si importante. Aussi plusieurs se sont-ils laissés aller peut-être au découragement, dans la crainte de ne pouvoir jamais réussir. L'auteur de cet abrégé s'est efforcé d'en exposer les principes, d'une manière à la fois claire et précise. Pour ne pas interrompre la série des préceptes, il a renvoyé à la fin les exemples et les exercices ; il a omis à dessein les notions trop spéculatives ou moins nécessaires, laissant à un maître éclairé de donner aux élèves de plus amples développements. Il n'a garde de s'approprier les principes qu'il livre à l'impression, puisqu'il les a puisés dans les méthodes déjà connues ; l'ordre seul et le choix lui appartiennent. Quoiqu'il en soit ses vœux seront accomplis, s'il a le bonheur de contribuer en quelque manière à la pompe du culte divin, en facilitant l'étude du chant ecclésiastique.

MÉTHODE

POUR APPRENDRE

LE PLAIN-CHANT.

Du Chant en général.

LE *Chant*, en général, est une liaison de *tons*, de *demi-tons* et d'*intervalles* différents, produits par l'élévation ou l'abaissement de la voix, selon certaines règles.

Le *Plain-Chant* ne contient rien davantage, si ce n'est qu'il exige que cette liaison de tons soit *unie*, *simple* et *grave*.

Iʳᵉ PARTIE.

PRINCIPES.

CHAPITRE Iᵉʳ

Notions Fondamentales.

ART. Iᵉʳ — *Portée, Lignes et Espaces.*

On donne le nom de *portée* aux lignes et aux espaces où l'on place les clefs et les notes.

1.

— Il y a dans une portée quatre *lignes* ; la première est la plus haute. — Les *espaces* sont les intervalles qui se trouvent entre les lignes.

Art. II. — *Clefs, leur nombre, leur usage, leur position.*

On distingue deux sortes de clefs, la clef d'*ut* et la clef de *fa* *. Elles servent à déterminer les notes qui se trouvent sur les différentes lignes ou dans les espaces, de cette sorte : en supposant la clef d'*ut* posée sur la seconde ligne, toutes les notes placées sur cette ligne seront des *ut* ; de là en montant, il faudra dire *re* sur les notes posées à l'espace qui suit, *mi* sur la ligne qui vient après, ainsi des autres. En descendant il faudra dire *si* sur les notes posées à l'espace au-dessous de la ligne où est la clef, *la* aux notes qui seront sur la ligne qui vient ensuite, et ainsi jusqu'au plus bas degré. — Cette observation doit s'appliquer à la clef de *fa*.

La clef d'*ut* se place ordinairement sur les trois lignes supérieures, et la clef de *fa* sur les deux premières.

---

* La clef de *sol* n'étant rien autre chose au fond que la clef d'*ut* suivie d'un bémol continuel (voir art. VIII, pag. 9); on a cru simplifier l'étude du plain-chant, en la considérant comme une véritable clef d'*ut*.

Art. III. — *Barre , Guidon.*

La *barre* est une ligne perpendiculaire que l'on place entre les notes , ou pour séparer les mots, ou pour marquer le repos. — La *double barre* marque la fin du chant , ou que c'est au chœur à reprendre et à poursuivre , ou d'autres que ceux qui chantaient à continuer.

Le *guidon* est un signe qu'on pose à la fin des lignes et des espaces , pour montrer le degré où doit être située la première note de la portée suivante.

Art. IV. — *Notes , leur nombre , leur position, leurs espèces.*

On appelle *notes* les marques qui font connaître les différents sons dont se compose le chant.

Elles sont au nombre de sept qui sont : *ut , re , mi , fa , sol , la , si* , en montant ; et *ut , si , la , sol , fa , mi , re* , en descendant.

Elles se placent sur les lignes et dans les espaces. — On peut les redoubler en montant, et dire : *ut , re , mi , fa , sol , la , si , ut , re , mi* , &c. ; on peut aussi les redoubler en descendant , et dire : *ut , si , la , sol , fa , mi , re ; ut , si , la* , &c.

Il y a quatre espèces de notes : les *doubles*, les *longues*, les *communes* ou *carrées* et les *brèves*. (Voir Ch. III , Art. Ier, pag. 14).

ART. V. — *Gamme naturelle ascendante et descendante.*

On entend par *gamme naturelle*, une série de huit notes disposées selon leur ordre naturel , soit en montant , soit en descendant.

ART. VI. — *Tons et demi-tons.*

La gamme renferme cinq *tons* et deux *demi-tons*. Ainsi : de l'*ut* au *re* , il y a un ton ; du *re* au *mi* , un ton ; du *mi* au *fa* , un demi-ton ; du *fa* au *sol* , un ton ; du *sol* au *la* , un ton ; du *la* au *si* , un ton ; et du *si* à l'*ut*, un demi-ton. — Outre ces demi-tons *naturels*, il y en a d'autres occasionés par un bémol ou un dièze , et que l'on nomme *accidentels*. (Voir Art. VIII, pag. 9). — Il est facile de comprendre la différence qui existe entre un ton et un demi-ton.

ART. VII. — *Seconde , tierce , quarte ,* etc.

Deux notes au-dessus l'une de l'autre et qui se suivent immédiatement, font une *seconde*, comme *ut , re*. Lorsqu'elles se suivent de telle sorte qu'on en pourrait mettre entr'elles une troisième, elles font une *tierce*, comme *ut*, *mi*. Si entr'elles on en peut mettre deux, elles font une *quarte*, comme *ut*, *fa*, et ainsi des autres. — La *seconde* occupe deux degrés ; la *tierce* trois, la *quarte* quatre, la *quinte* cinq, la *sixte* six, et l'*octave* huit. La *septième* n'est pas ordinairement en usage dans le plain-chant.

Si dans les degrés d'une tierce, il se trouve un demi-ton, ce sera une *tierce mineure*, comme du *re* au *fa* ; au contraire, s'il n'y a point de demi-ton, ce sera une *tierce majeure*, comme du *fa* au *la*.

Art. VIII. — *Bémol, dièze, Bécarre.*

Le *bémol* sert à faire baisser d'un demi-ton la note devant laquelle il est placé ; et alors de cette note à la note inférieure, il n'y a plus qu'un demi-ton, tandis que de cette même note bémolisée à la note supérieure, il y a un ton. — Il est *continuel*, s'il est placé immédiatement après toutes les clefs ; et alors toutes les notes posées dans le même espace, baissent d'un demi-ton, dans toute la suite de la pièce, s'il ne se rencontre point de bécarre. — Il est *accidentel*, s'il ne se trouve que de temps en temps dans une pièce de chant (on ne le met ordinairement que sur le *si*) ; et alors la note qui suit baisse d'un demi-ton.

Le *dièze* élève d'un demi-ton la note devant laquelle il est placé ; et alors de cette note à la note supérieure il n'y a plus qu'un demi-ton, tandis que de cette même note diézée à la note inférieure il y a un ton, et même quelquefois un ton et demi. — Il ne se met ordinairement que sur l'*ut*, le *fa* et le *sol*.

Le *bécarre* sert à détruire l'effet du bémol et du dièze. Il rétablit la note dans son état naturel.

Art. IX. — *Cadence et coulé.*

La *cadence* est un tremblement dans la voix causé comme naturellement par la chute de quelque note, où par la fin d'une pièce de chant. — Quelquefois même on s'en sert fort à propos pour donner de l'agrément au chant.

Le *coulé* se fait, lorsque la voix passe sur des notes liées ensemble, d'une manière légère et gracieuse.

CHAPITRE II.

Différents Tons usités dans l'Église.

Art. Ier — *Tons, leur nombre, leurs espèces
et dénominations.*

Il y a huit *tons* ou *modes* dans le plain-chant. Ces tons servent à en faire distinguer les différentes modulations et à exprimer les divers sentiments de l'âme.

Il y a deux espèces de tons, les *impairs* ou *supérieurs*, qui sont les 1, 3, 5, 7; et les *pairs* ou *inférieurs*, qui sont les 2, 4, 6, 8. Ces derniers dérivent des premiers. *

Le premier ton s'appelle *grave*; le second *triste*; le troisième *mystique* (il est très-joyeux); le quatrième *harmonieux* (mêlé de joie et de tristesse); le cinquième *joyeux* (on peut cependant le rendre triste); le sixième *pieux* (il est triste quoiqu'il puisse être rendu gai); le septième *angélique* (il est doux et agréable); le huitième *parfait* (il est très-doux et très-agréable).

* Il ne s'agit ici que des *tons réguliers*. On ne parle point des *irréguliers, mixtes, douteux* et *transposés*, parce qu'ils sont moins en usage.

Art. II. — *Finale et dominante.*

La *finale* est ordinairement la note qui termine la pièce de chant.

La *dominante* est la note le plus souvent répétée dans une pièce de chant, et non celle qui est la plus haute.

Art. III. — *Manière de connaître les tons.*

Chaque ton se connaît ordinairement par sa finale. — Néanmoins comme la même finale sert à deux tons différents, il faut savoir, pour découvrir le véritable ton, que les *impairs* peuvent aller à plus de huit notes au-dessus de leur finale, et une seule au-dessous ; et que les *pairs* ne peuvent aller qu'à cinq ou six notes au-dessus de leur finale, mais peuvent en avoir trois ou quatre au-dessous, et même davantage.

Le tableau suivant servira aussi à faire connaître les tons.

	finale.	dominante.
1er ton.....	*re*.........	*la.*
2e.........	*re*.......	*fa.*
3e.........	*mi*......	*ut.*
4e.........	*mi*......	*la.*

5ᵉ . . . . *fa* . . . . *ut.*
6ᵉ . . . . *fa* . . . . *la.*
7ᵉ . . . . *sol* . . . . . . *re.*
8ᵉ . . . . *sol* . . . . . . *ut.* *

Aʀᴛ. IV. — *Intonation, teneur, médiation, terminaison.*

On distingue dans les versets des psaumes, l'*intonation*, qui est *solennelle* ou *simple*; la *teneur*, dominante du ton; la *médiation*, milieu du verset; et la *terminaison*, qui varie comme on peut le voir dans les livres de chœur.

CHAPITRE III.

Du Chant mesuré ou musical.

Le chant musical ne diffère du plain-chant ordinaire que par la mesure. Il est presque susceptible des mêmes agréments que la musique. Pour l'exécuter parfaitement, il est nécessaire de connaître les notions suivantes.

---

* Parmi les tons réguliers des psaumes, il faut remarquer les *complets*, qui se terminent régulièrement dans tous les versets; et les *incomplets*, qui ne se terminent régulièrement qu'à la fin de l'antienne.

ART. Ier — *Valeur des notes, des points et des silences.*

Dans cette sorte de chant, la *double* vaut deux *longues*, la *longue* deux *carrées*, et la *carrée* deux *brèves*. — La *double* répond à la *ronde*, la *longue* à la *blanche*, la *carrée* à la *noire*, et la *brève* à la *croche*. Par conséquent la *double* vaut deux *longues*, ou quatre *carrées*, ou huit *brèves*; la *longue* vaut deux *carrées*, ou quatre *brèves* ; et la *carrée*, vaut deux *brèves*, comme on peut le voir dans le tableau suivant.

Valeur des notes.

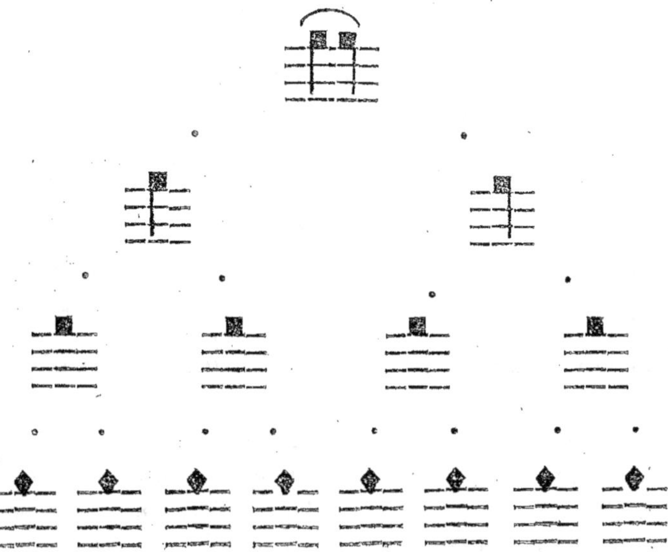

Le *point* placé après une note , l'augmente de la moitié de sa valeur.

Il y a plusieurs espèces de *silences* ou signes qui servent à remplir la mesure ou les divers temps dont elle se compose , lorsque le chant est suspendu. Les silences les plus usités sont :

la *pause* qui vaut une mesure ; la *demi pause* une demi-mesure ; et le *soupir* un temps.

ART. II. — *De la mesure.*

La *mesure* sert à déterminer la nature du mouvement. Nous distinguerons ici deux sortes de mesure : la mesure à quatre temps (que l'on peut battre aussi à deux temps) , et la mesure à trois temps. — Elles seront désignées immédiatement après la clef, par leur chiffre respectif, et marquées dans le cours d'une pièce, par une barre perpendiculaire.

Dans ces mesures, la note double vaut toute la mesure (à quatre temps), la longue deux temps, la carrée un temps, et il faut deux brèves pour remplir un temps. *

On trouvera, après les exercices (pag. 22), des airs nouveaux, notés selon les principes que nous venons d'exposer.

* Dans la mesure à deux temps, la double vaut toute la mesure, la longue un temps; et il faut deux carrées ou quatre brèves pour remplir un temps.

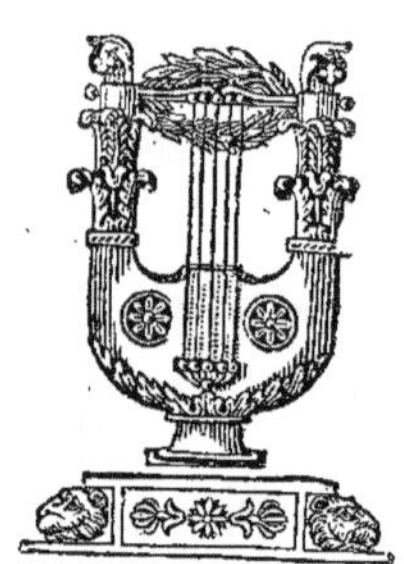

IIe PARTIE.

APPLICATION DES PRINCIPES.

SECTION Ire — Exemples.

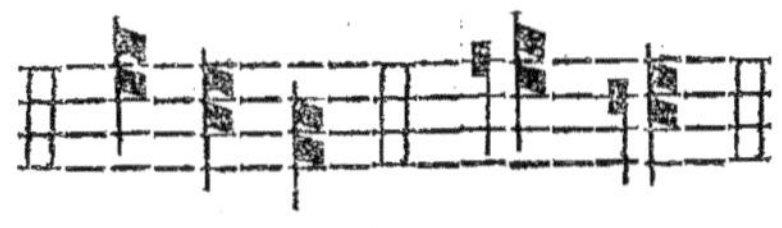

Notes.

Gamme naturelle.

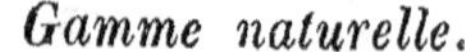

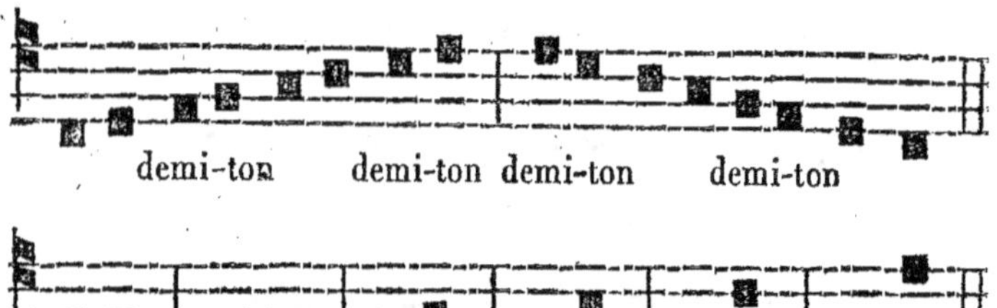

Demi-tons accidentels.

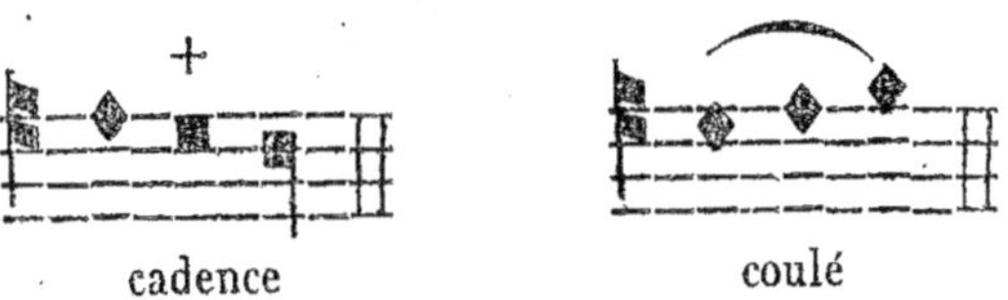

SECTION IIe — Exercices.

Quand l'élève connaîtra parfaitement les notions fondamentales, on lui donnera à étudier et à lire, sans chanter cependant, les intervalles des tierces, quartes, &c., puis *l'accord parfait*; et ainsi des deux autres exercices qui suivent , toujours sur la même clef , par exemple , la clef d'*ut* sur la première ligne. A mesure qu'il saura lire un exercice , on pourra le lui faire chanter. On livrera ensuite à son étude une pièce de chant facile , sur la clef d'*ut* première ligne ; on la lui fera lire , puis chanter (la note seulement). L'élève une fois sûr de ses notes , il faudra lui en faire chanter l'air , en observant les liaisons ; ensuite il y joindra plus facilement les paroles. Après cela on pourra l'exercer sur les diverses positions de la clef d'*ut* et de la clef de *fa*. Il étudiera enfin , dans le chapitre deuxième , page 11 , ce qui concerne les différents tons ou modes.

Premier Exercice.

Tierces.

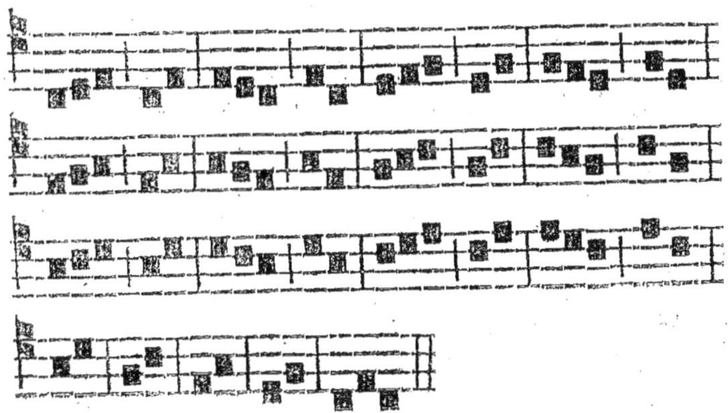

Quartes.

Quintes.

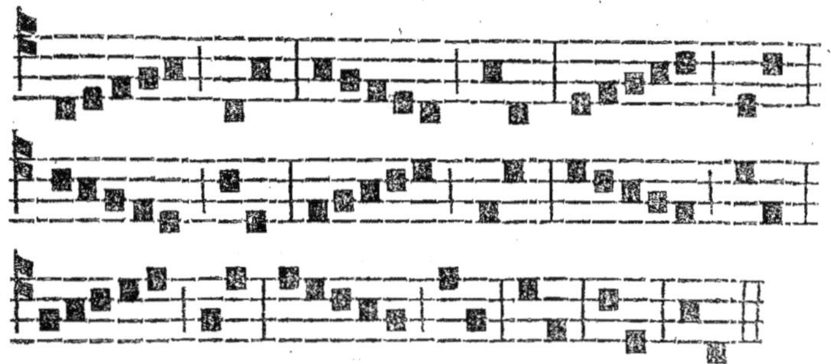

Sixtes.

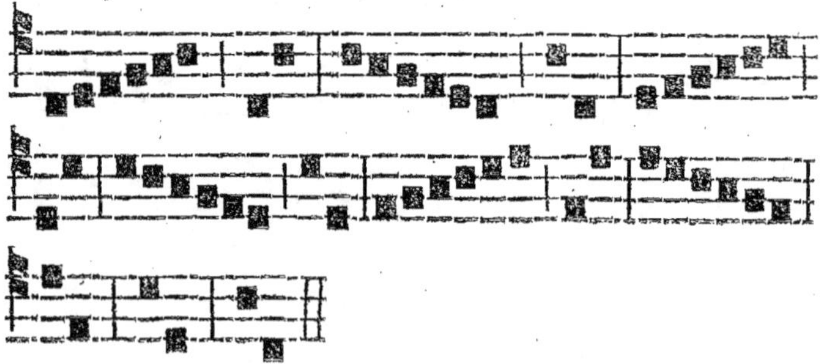

Octave.

Accord parfait.

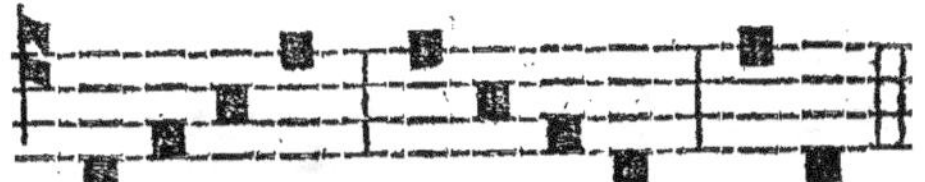

Deuxième Exercice,

Où l'on a mêlé les divers intervalles.

Troisième Exercice,

Avec bémol, dièze et bécarre.

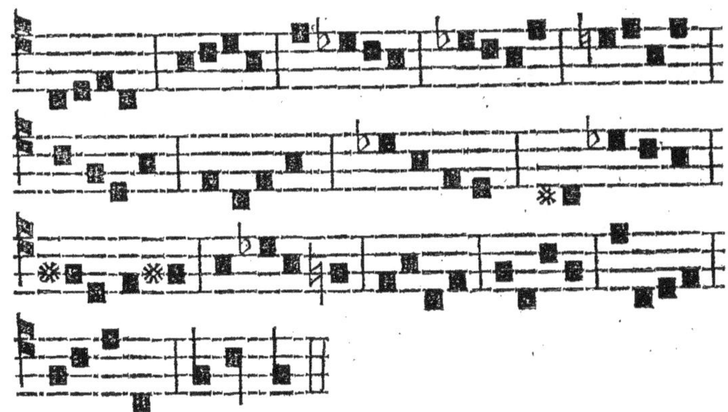

SECTION IIIᵉ — **Airs nouveaux.**

Lentement.

2

Priez pour nous , Marie ,
Pour nous dont le cœur prie ,
Vase rempli de miel ,
Astre et porte du ciel ;
Astre qui nous éclaire
D'un rayon tutélaire ,
Nous sommes à genoux :
Priez , priez pour nous !

3

O Vierge aimable et pure ,
L'encens de la nature
Touche moins votre cœur
Qu'un seul cri de douleur ;
Souriez donc , ô mère ,
Aux larmes de la terre ,
Nous sommes à genoux :
Priez , priez pour nous !

Modéré.

Les autres strophes de ce cantique et des suivants se trouvent dans les *Cantiques Spirituels* A. M. D. G.

Lentement.

Modéré , avec expression.

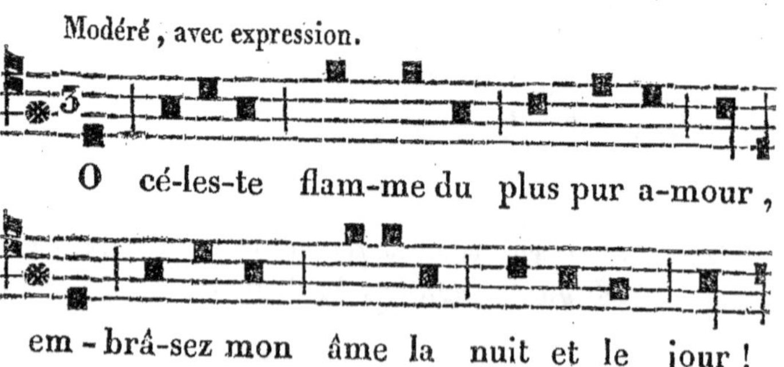

Vîte. Avec fermeté.

Vo-yez-vous cette troupe im -pi - e lan-cer un
blasphème orgueilleux con-tre le Dieu de vos
aïeux ? Craindrez-vous leur vai-ne fu-ri-e ?
Chœur.
Soyons fermes , chrétiens , montrons-nous cou-
rageux, mou-rons et no-tre mort nous ou-
vri-ra les cieux , mou-rons et no-tre mort
nous ou-vri-ra les cieux.

Modéré. Avec expression.

Modéré.

Il reste encore
A mon cœur des souhaits.
Mais d'immortels bienfaits
Ce temps n'est qu'une aurore!
Il n'est que dans l'éternité
De complète félicité ;
Et je l'implore
De ta bonté.

TONS ORATORIENS

ET AUTRES

Tons Solennels.

(La plupart de ces tons sont irréguliers ou transposés.)

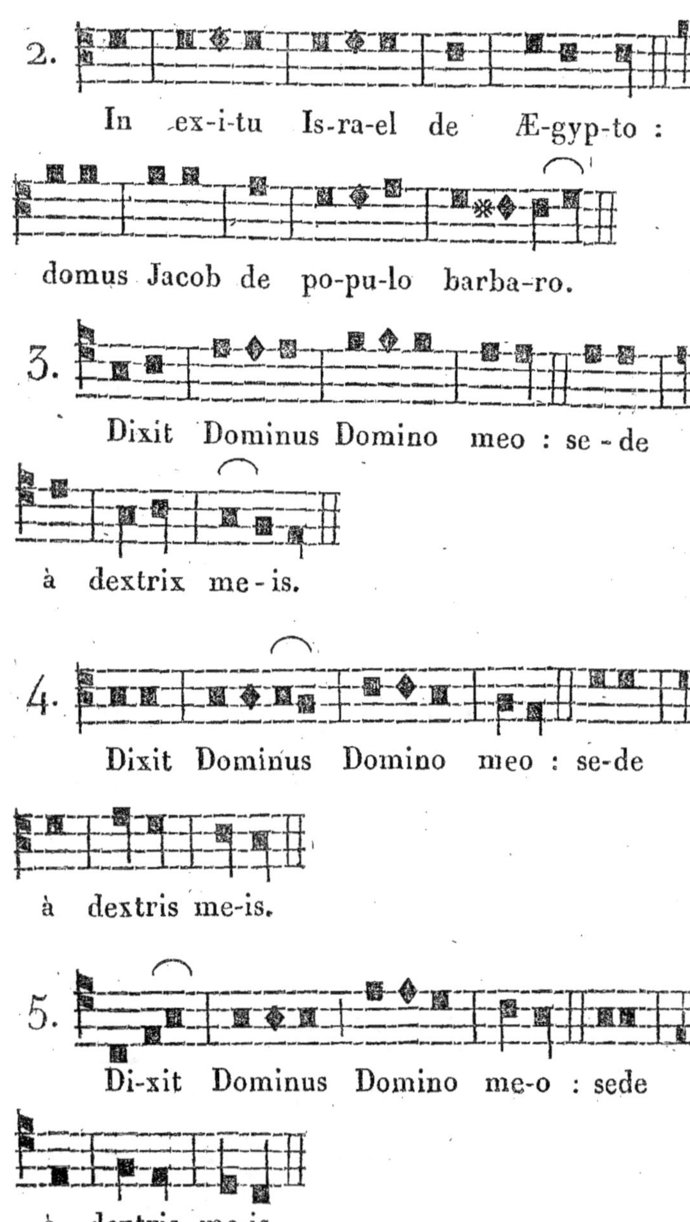

2. In ex-i-tu Is-ra-el de Æ-gyp-to :
domus Jacob de po-pu-lo barba-ro.
3. Dixit Dominus Domino meo : se - de
à dextrix me - is.
4. Dixit Dominus Domino meo : se-de
à dextris me-is.
5. Di-xit Dominus Domino me-o : sede
à dextris me-is.

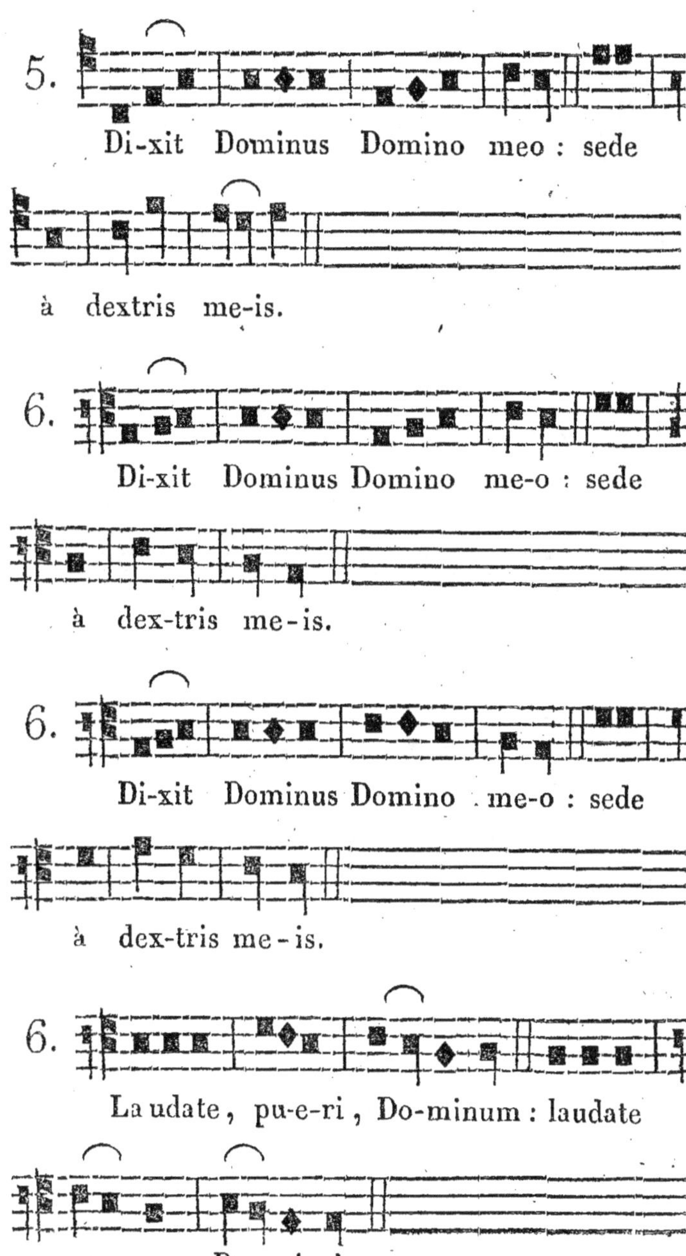

5.
Di-xit Dominus Domino meo : sede
à dextris me-is.
6.
Di-xit Dominus Domino me-o : sede
à dex-tris me-is.
6.
Di-xit Dominus Domino me-o : sede
à dex-tris me-is.
6.
Laudate, pu-e-ri, Do-minum : laudate
no-men Do-mi-ni.

7.
Di-xit Dominus Domino me-o : sede
à dextris me-is.

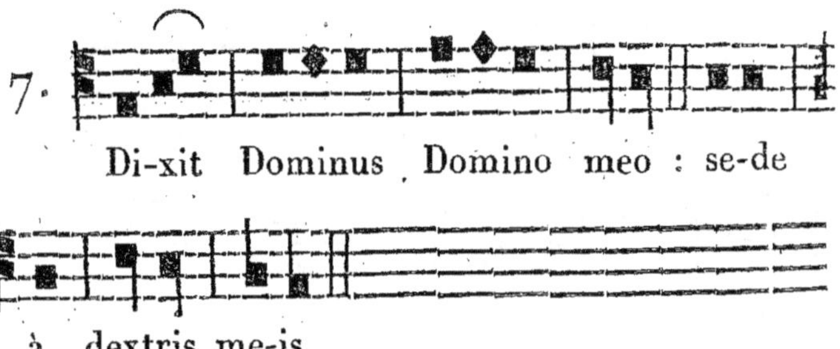
7.
Di-xit Dominus Domino meo : se-de
à dextris me-is.

8.
Di-xit Dominus Domino meo : sede
à dextrix me-is.

BENEDICAMUS SOLENNELS.

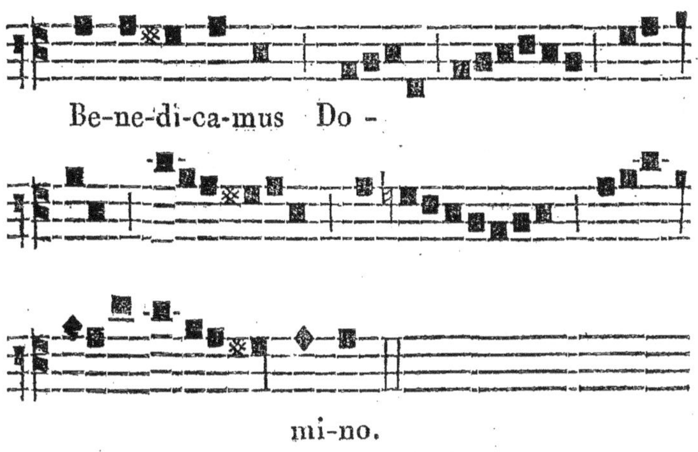

BENEDICAMUS A DEUX VOIX.

IN MANUS TUAS,

Pour le temps de la Passion.

TANTUM ERGO.

Lentement.

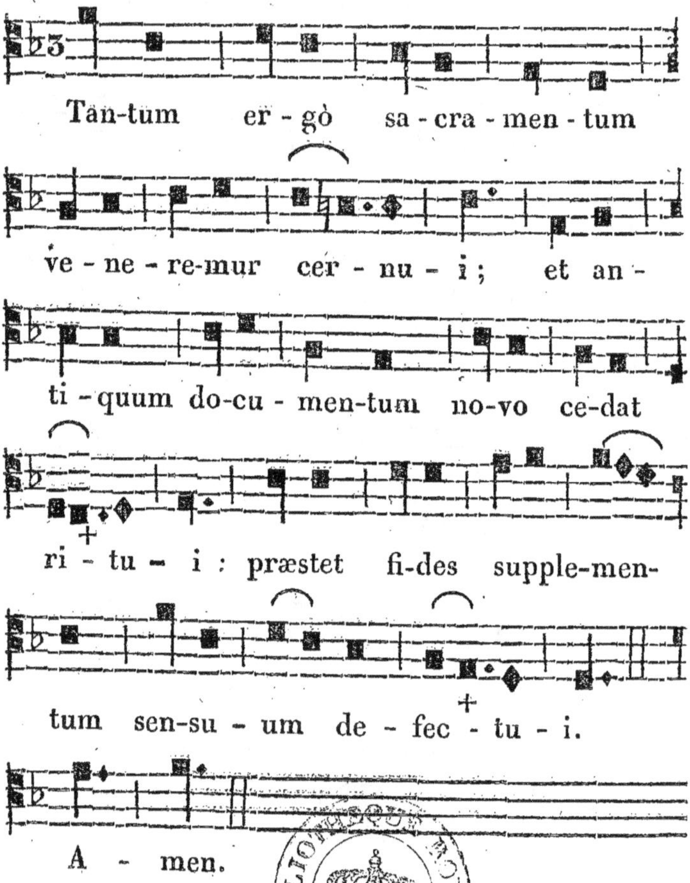

OMNIS SPIRITUS LAUDET DOMINUM.

Ps. 150.

TABLE.

FIN DE LA TABLE.

Le Dépôt se trouve

au Séminaire Saint-Charles,

A BRIGNOLES.

www.ingramcontent.com/pod-product-compliance
Lightning Source LLC
LaVergne TN
LVHW050109060726
842524LV00003B/1018